UM ROQUEIRO
NO ALÉM

NELSON MORAES

UM ROQUEIRO
NO ALÉM

Aliança

Copyright © 2011 *Todos os direitos reservados à Editora Aliança.*

TÍTULO
Um Roqueiro no Além

AUTOR
Nelson Moraes

REVISÃO
Roberto de Carvalho

DIAGRAMAÇÃO
Sônia Maria da Silva / Alline Garcia Bullara

CAPA
Alline Garcia Bullara

IMPRESSÃO
Rettec Artes Gráficas e Editora Ltda.

FICHA CATALOGRÁFICA

Dados Internacionais de Catalogação na Publicação (CIP)
— Câmara Brasileira do Livro | SP | Brasil —

Moraes, Nelson.
    Um Roqueiro no Além / pelo Espírito Zílio;
[psicografado por] Nelson Moraes.
São Paulo : Editora Aliança, 2011.

    ISBN: 978-85-88483-73-6 / 128 páginas

    1. Espiritismo.
    I. Título.

11-14199   CDD-133.93

ÍNDICE PARA CATÁLOGO SISTEMÁTICO:

1. Espiritismo   133.93

EDITORA ALIANÇA
Rua Major Diogo, 511 - Bela Vista - São Paulo - SP
CEP 01324-001 | Tel.: (11) 2105-2600
www.editoraalianca.com.br | editora@editoraalianca.com.br

SUMÁRIO

Prefácio 7

Na sepultura 13

Fora da sepultura 21

No vale os drogados 33

Na colônia escola 55

Novas revelaçoes 63

O resgate de Mirna 91

A missão 113

PREFÁCIO

QUANDO o companheiro Nelson Moraes comentou a aproximação, as sensações, os primeiros contatos, de imediato dissemos: Só pode ser o .... No que o médium confirmou.

Depois, lendo os originais, a satisfação até já esperada (quando entre nós suas músicas já tocavam no transcendente) da conscientização de sua nova condição. E mais do que isto: já iniciando um trabalho e que esperamos muitos venham.

Entendemos importante sua manifestação, reforçando e mostrando detalhes do reflexo das drogas no mundo espiritual. Mais importante ainda para os artistas e comunicadores em geral que, nos seus momentos de "inspiração", são como médiuns inconcientes (*O Livro dos Médiuns*) e, quando potencializados pelas drogas, correm o risco de se tornarem médiuns das trevas. Fica para a nossa reflexão a observação de Helena (sua orientadora espiritual) sobre limites do livre arbítrio e consequente intervenção do plano espiritual. Não seria o que teria ocorrido com os Mamonas Assassinas?

O editor optou por manter o nome do poeta, músico e roqueiro numa *"cortina de fumaça"* e a gente entende. As possíveis discussões com famílias encarnadas, etc.

Temos a certeza de que esse é o seu objetivo e até uma necessidade pessoal.

Ele começou bem. Leiam e recomendem aos jovens e aos pais de jovens.

Jether Jacomini
Radialista/Expositor

A minha morte foi como um pesadelo; senti um profundo torpor e perdi os sentidos. Depois de algum tempo, recobrei a consciência; parecia estar bem, até que percebi que algumas pessoas estavam colocando-me dentro de um caixão. Tentei reagir, mas não consegui mexer-me; gritei dizendo estar vivo, mas ninguém me ouviu. Quando fecharam o caixão, dei murros na tampa tentando abri-la, mas meu esforço era em vão; perdi os sentidos.

Não sei quanto tempo fiquei desacordado; quando dei por mim novamente, senti que me colocaram em um veículo e viajamos por algum tempo. Os solavancos do carro enjoaram-me; comecei a passar mal; não tinha espaço para vomitar e nem para me mexer; sentia-me sufocado. Quando o carro parou, escutei gritarem o meu nome seguido de muito pranto. Pelo movimento, percebi que ali deveria ser o local do velório. Tiraram o caixão do carro e, quando menos eu esperava, abriram a tampa. Senti um grande alívio! Tentei levantar-me, mas não consegui. Muita gente debruçou sobre mim para chorar.

O que eu poderia fazer? Já havia tentado de tudo para sair dali. A única explicação que eu encontrava para aquele fato é que eu estava realmente morto e o meu Espírito preso ao corpo que já começava a cheirar mal. Diante da minha impotência, tive que aceitar aquela situação. Observei cada pessoa que passava por mim. Olhavam-me piedosamente e lamentavam a minha morte. Quase todos que passaram por aquele desfile de lágrimas e de hipocrisia diziam a mesma coisa:

— Que pena, tão jovem!

Outros cochichavam:

— Foram as drogas que o destruíram.

Depois de algum tempo, fecharam o caixão e puseram-me novamente em um carro; fiquei tonto, comecei a passar mal; por alguns momentos tive a esperança de que tudo aquilo poderia ser um sonho e que, naquele momento, eu ia morrer de verdade. Mas acabei apenas desmaiando. Quando voltei a mim, não sei quanto tempo depois, escutei algumas pessoas conversando. Pelo que elas falavam, deduzi que estavam levando-me para o cemitério; quase me desesperei. Senti um medo terrível, principalmente quando percebi que estavam sepultando-me. Não cheguei a entrar em pânico, mas rezei todas as orações que eu havia aprendido e isso, de certa forma, me acalmou. Lembrei-me da minha vida desde quando era criança. Revi todo o meu passado. Era como se eu estivesse assistindo à projeção de um filme na minha mente. A partir daí, naquela solidão profunda, comecei a julgar minhas atitudes. Fui um combatente! Lutei contra um sistema que eu não aceitava e que me causava revolta. Entretanto, acabei vítima de mim mesmo e não do sistema que eu condenava.

Sem perceber, havia optado pela fuga, a mesma fuga que me havia fascinado em outros momentos da minha vida. O sofrimento por que eu estava passando era característico dos suicidas. Era assim mesmo que eu me sentia, um suicida. Levado pela revolta, percorri o caminho das drogas até encontrar a morte. Embora o mundo me aborrecesse, eu deveria ter continuado no bom combate.

Na verdade, fui um equivocado, apontei tudo o que eu achava que estava errado, mas não soube indicar o certo. Minhas intenções eram boas, mas minhas atitudes eram contraditórias. Em vez de atacar e ferir o sistema, eu deveria ter contribuído para transformá-lo. Não corri atrás do ouro dos tolos, mas, na cama do meu apartamento, fiquei deitado com a boca aberta, esperando a morte chegar. Ela chegou antecipada! Veio convidada pela minha insensatez. Em vez de repousar em seus braços, ela agora fazia arder minha consciência. No auge da minha angústia, eu questionava:

— Quanto tempo terei que ficar nesta situação? Ficarei aqui até o dito trem passar? Será que vou? Ou será que fico?

Eu consolava a mim mesmo:

— Não importa! Se vou, livro-me deste mundo equivocado. Se fico, tento outra vez.

Diante das dúvidas que povoavam a minha mente, eu afirmava:

— Tenho certeza de que a vida é eterna! Este é apenas um momento como outro qualquer. Vai passar, como tudo passou.

Essas autoafirmações reconfortavam-me. Constantemente eu buscava encontrar as vantagens que aquela situação me proporcionava. Então, eu dizia:

— Pelo menos aqui não ouço os noticiários infames! Não posso beber e nem me drogar.

Naquele momento, eu percebi que havia esquecido o vício! Sentia-me de certa forma reconfortado, pelo menos aquela situação proporcionava-me um bem verdadeiro. O tempo foi passando...

Vez ou outra, alguém vinha depositar flores sobre o meu túmulo; elas pareciam ajudar-me; eu sentia o perfume delas amenizando o cheiro dos ossos que restaram do meu corpo. Lembrei-me de que um dia eu e um amigo tentamos nos comunicar com as plantas. Talvez, pela importância que demos a elas naquele dia, agora vinham retribuir-me, socorrendo-me com delicioso perfume.

Eu escutava tudo o que se passava no cemitério; ouvi muitos gritos de desespero. Muitas vezes adormeci, mas os pesadelos faziam-me acordar assustado. Sonhei várias vezes que estava junto à família. Desesperado, tentava falar que estava vivo, mas ninguém me ouvia.

Entre sonhos e pesadelos, continuei preso àquele ataúde que se transformara na minha casa. Eu perguntava a mim mesmo:

— Será esta minha derradeira morada? Jamais sairei daqui?

Logo em seguida, respondia a mim mesmo cheio, de convicção:

— Não. Tenho certeza de que não! Eu não acredito nas penas eternas. Logo estarei fora daqui.

Não sei se era intuição, mas eu tinha realmente a certeza de que, em determinado momento, eu sairia dali. Tentei levantar-me algumas vezes, mas ainda estava preso àquela situação.

NÃO sabia se havia se passado alguns dias, alguns meses ou alguns anos. Perdi completamente a noção de tempo, até que ouvi uma voz chamando-me:

— Olá, malandro! Foi bem na viagem?

Sabia que era comigo que falavam, mas não respondi. A voz continuou chamando-me e rindo às gargalhadas. Lembrava-me a voz de alguém conhecido, mas a escuridão era tanta que eu não podia vê-lo.

— O que é malandro, vai ficar a vida toda dentro desse buraco? Seu corpo já apodreceu! Vai esperar apodrecer o seu Espírito? Você está vivo, cara! A morte não existe. Olha para mim! Estou numa "boa." Aqui tem tudo o que a gente gosta. Vamos! Sai desse buraco.

Uma força estranha impeliu-me e eu saí dali. Demorou muito para que pudesse recobrar a visão. Alguém me estendeu a mão e segurou-me pelo braço...

Era um homem cuja fisionomia chegava a assustar-me; tentei lembrar-me de onde eu o conhecia mas não consegui.

— Está assustado, "garotão? " Não tenha medo, eu domino esta região! Você é meu convidado especial. Eu sou seu fã!

— Quem é você?

— Somos velhos amigos, não vai se lembrar, faz apenas alguns séculos...

Suas gargalhadas assustavam-me. Ele continuou:

— Você deve ter pensado que estava no inferno, mas o inferno existe somente para os fracos; estamos no Paraíso. Eu governo esta parte da cidade. Você vai adorar ficar aqui comigo e com todos os que estão sob meu comando. Venha! Vou ensinar a você como se vive fora do corpo.

Constrangido e assustado, segui seus passos até sairmos do cemitério. Na rua, entrei em pânico. Saí correndo sem saber para onde; vaguei não sei quanto tempo; estava aflito; minhas roupas estavam cheias de vermes, quanto mais eu sacudia mais caíam no chão. Desesperado, entrei em um motel. Precisava tomar um banho! Fui até a recepção, falei com a mulher que atendia na portaria, mas ela não me ouviu; ia insistir novamente, quando aproximou-se de mim uma outra mulher:

— Olá, querido! Não adianta falar com ela, não pode vê-lo, você é um Espírito desencarnado como eu. Em que posso ser útil?

— Preciso tomar um banho.

— Só um banho, amor?

— Sim. Tenho que me livrar destes vermes.

— Que vermes?

— Você não os vê? Olha aqui! Estão no meu corpo todo, já estou ficando desesperado!

— Você não é o primeiro louco que vem aqui com essa história. Isso é o que dá eu trabalhar perto do cemitério. Vamos até a minha suíte que eu o faço esquecer os vermes. Vem, meu bem, vem!

— Eu quero apenas tomar um banho.

— Está bem! Eu o levo para tomar um banho. Venha.

Caminhamos em direção à tal suíte, passamos por algumas em que, do lado de fora, alguns homens e mulheres se acotovelavam; pareciam estar enxergando através da janela fechada e da parede; achei estranho. Antes de eu perguntar, a mulher começou a falar:

— Você deve estar chegando agora; não sabe nada dessas coisas. Esses Espíritos são os sexólatras; estão participando do conluio amoroso do casal que está na suíte. Se gostarem do desempenho do homem ou da mulher, irão com eles para casa.

Os gestos que eles faziam eram de verdadeiros alucinados; fiquei apavorado e saí correndo. A mulher ficou gritando:

— Onde você vai, meu bem? Vem cá!

Não olhei para trás; segui em frente, sem rumo e sem destino; caminhei pelas calçadas; vaguei por muito tempo. Notei que algumas pessoas que passavam por mim pareciam me ver, outras não, então entendi que as que me viam eram Espíritos como eu, as outras eram pessoas encarnadas. Fiquei admirado de ver um número tão grande de Espíritos caminhando entre os encarnados. Muitos pareciam saber para onde iam, outros vagavam como eu. Estava meditando sobre a minha situação, quando ouvi uma música que me era familiar; o som vinha de um automóvel estacionado; aproximei-me...

Era um casal de jovens namorados. Ela tinha pouco mais de dezesseis anos, ele, uns dezenove ou mais; ouvi o diálogo:

— Eu adoro ouvir esse cara cantar! Exclamou a jovem.

— Ele era demais! Pena que morreu, era um dos nossos! Vamos homenageá-lo?

— Vamos! – respondeu a moça.

O rapaz abriu um papelote de cocaína e os dois começaram a "cheirar".

— Esta é pra você malucão!

Diante daquela cena, desequilibrei-me. Entrei em crise e comecei a passar mal. Vomitei, não sei por quanto tempo; continuei caminhando; cambaleava de um lado para o outro. Eu queria morrer de verdade! Tudo o que eu fiz na vida havia se tornado uma grande loucura. Sentei-me na soleira de uma porta e comecei a chorar; alguns Espíritos que passavam por ali vieram ao meu encontro.

— Não chore companheiro! Nós vamos ajudá-lo; venha conosco.

— Eu quero ir para casa; estou cansado.

— Venha, nós vamos levar você até um lugar muito bom que vai atender às suas necessidades.

Estava desesperado; deixei-me levar. Fomos parar em um lugar estranho.

— É aqui que deve ficar. Seja bonzinho e terá tudo o que você precisa.

Largaram-me ali e foram embora, rindo em gargalhadas. Senti muito medo. No meio das sombras que predominavam naquele lugar, comecei a ver homens e mulheres desnudos, caminhando abraçados uns aos outros, como se estivessem num gozo interminável. Pareciam profundamente drogados. Alguns tinham apenas um buraco no lugar das narinas. As veias dos braços de alguns estavam tão inflamadas que pareciam expostas. Eu sentia muitas dores nos pés; lembrei-me que as últimas vezes em que me droguei, eram neles que eu aplicava a droga. Olhei para eles e percebi que estavam realmente inchados e as veias sobressaltadas.

Aquele lugar dava-me nojo, o cheiro era insuportável; vez ou outra, ecoavam gritos e gargalhadas estridentes. Desejei, naquele momento, voltar para a minha sepultura. Se existia realmente o inferno, com certeza era ali. Pensei em Deus e comecei a chorar...

Estava arrependido pelo que havia feito da minha vida; caí de joelhos e não mais consegui levantar. Comecei a vomitar novamente. Eu me arrastava pelo chão cheio de limo. Da umidade do solo, surgiam larvas e centopeias que passeavam pelo meu corpo. Senti dores horríveis e acabei desmaiando.

NÃO sei quanto tempo fiquei desacordado. Quando voltei à consciência, alguns Espíritos que ali estavam se aproximaram de mim e agarraram-me pelos braços; um deles, segurando uma seringa hipodérmica com a agulha torta e enferrujada, começou a falar:

— Calma! Nós guardamos um pouquinho pra você.

Quando ele ia aplicar a droga em meu braço, tentei reagir, mas estava impotente. Gritei, desesperado:

— Deus, meu Pai, perdoa-me. Livra-me deste inferno, eu lhe suplico! Socorra-me, por favor...

Uma luz surgiu no meio das sombras! Vi um jovem como que saindo daquela luz intensa.

Levantou o braço e, no mesmo momento, os Espíritos que tentavam ferir-me, largaram-me e se afastaram. O susto devolveu-me a lucidez; olhei para o jovem que, sorrindo para mim, afirmou:

— Não tema. Venha, eu vou levar você para um lugar onde poderá se recuperar em segurança. Venha! Dê-me sua mão.

Apoiado por ele, levantei-me e começamos a caminhar. Eu estava cansado; mal conseguia andar. Estava com medo. Para onde eu iria desta vez? Subimos e descemos por entre pedras e rochedos até que chegamos a um lugar parecido com aquele, porém, menos sombrio.

— Quem é você? – perguntei.

— Sou um amigo. O vale onde estava é para aqueles que ainda estão presos ao vício. Enquanto não demonstrarem a vontade de se libertarem, continuarão lá. Aqui você compartilhará da companhia de Espíritos que já estão em trabalho de recuperação. Ficará neste lugar até que elimine os venenos que acumulou no seu corpo espiritual.

— Que devo fazer para eliminar tais venenos?

— O tempo e a natureza se encarregarão disso.

Foi naquele lugar e naquele momento que começou o meu caminho de volta, árduo e penoso. Passei longo tempo me arrastando e vomitando entre aqueles infelizes como eu. Ali, arranquei das minhas entranhas o resultado da minha ignomínia e insensatez. Nos momentos de crises mais profundas e dolorosas, eu lembrava da minha estupidez. Meu peito parecia arrebentar de remorso. Sofri muito. Não bastasse meu sofrimento, constantemente era tentado; escutava de vez em quando a voz daquele homem que me tirou da sepultura, ecoando na minha consciência:

— Você decepcionou-me. Pensei que era um forte, agora vejo que é um fraco. Preferiu o inferno ao invés do Paraíso. Reaja, malandro. Não se entregue, não sabe o que está perdendo. É só chamar e eu vou buscar você.

Aquela voz soava como um desafio. Cheguei a pensar que realmente era um fraco. Mas o que ele poderia oferecer-me? Orgias, drogas, liberdade? Que liberdade? Meu Deus, eu que acreditei que a felicidade era ter liberdade para fazer tudo o que eu queria, agora estava ali, vítima dessa pseudoliberdade. Não vou ceder! Meu lugar é aqui, junto aos meus merecidos tormentos.

A partir daí, assumi de vez o meu calvário. O tempo foi passando...

Aos poucos, fui reequilibrando-me até conseguir ficar definitivamente em pé. Mais consciente, comecei a observar de perto os Espíritos que estavam ali. A maioria, apesar das marcas dos efeitos das drogas, tinha a aparência juvenil. Uma jovem, com ar de timidez aproximou-se de mim e disse-me:

— Meu nome é Rosa. Sou sua fã. Eu adorava "curtir" os seus shows.

— Obrigado! Faz muito tempo que está aqui? – perguntei.

— Não sei. Aqui a gente perde a noção de tempo. Parece que faz um século que estou aqui.

— Do que você morreu?

— De uma "Overdose."

— Porque se drogava?

— Revolta!

— Contra o que se revoltava?

— Eu vivia revoltada com tudo e com todos. Meus pais deram-me tudo o que eu queria, menos o que eu mais precisava. Eles não tinham tempo para mim. Eu vivia triste, até que conheci uns "amigos" roqueiros que me ajudaram a ter um pouco de "alegria"; foi quando eu me tornei sua fã.

— Como você se envolveu com as drogas?

— Estava feliz! Eu curtia meus novos "amigos." Eram alegres, eu me divertia muito, até que apareceram as drogas. Estávamos acampados; insistiram tanto que eu acabei experimentando. A partir daí, minha vida tornou-se um pesadelo.

Nesse momento, Rosa abaixou a cabeça e começou a chorar.

Atraído pela nossa conversa, aproximou-se de nós um grupo de mais de uma dezena de jovens. Um deles, parecendo liderar o grupo, tomou Rosa nos braços e disse-me:

— Meu nome é Ronaldo. Não se preocupe, logo ela estará bem! Seja bem vindo ao grupo dos conscientes!

— Obrigado! O que é o grupo dos conscientes?

— Somos os que já caminham em pé e lúcidos, pois como você vê, ainda há muitos que se arrastam, assim como você e nós nos arrastávamos até pouco tempo.

—Vocês sabem como funciona este lugar? Existe um tempo certo que devemos ficar aqui?

— Nós não sabemos.

Respondeu Ronaldo.

—Vocês já viram alguém sair daqui?

— Eu já vi!

Afirmou Rosa que se recuperava do pranto. Então, perguntei-lhe:

— Como se faz para sair daqui? É possível? Ou temos que esperar alguém vir nos buscar?

— Eu conversei com um Espírito que veio junto com um grupo chamado Samaritanos. Ele informou-me que somos livres, podemos sair, basta subirmos pela encosta do vale e logo estaremos entre os encarnados, mas disse que não é aconselhável, pois estaríamos comprometendo nossa recuperação. Disse, ainda, que o mais importante para nós, é ficarmos até que se atinja a completa desintoxicação causada pelas drogas. Além do mais, devemos nos reabilitar das consequências da morte prematura. Nesse dia, eles levaram muitos Espíritos que já estavam prontos para iniciarem uma nova fase do tratamento.

— Então, pelo que eu vejo, só nos resta esperar pela nossa vez! – afirmei conformado.

Rosa continuou falando:

— Segundo esse Espírito que me orientou, não devemos esperar de braços cruzados. Podemos acelerar nossa recuperação, ajudando aqueles que estão em pior situação do que nós.

— E o que podemos fazer?

— Disse-me que devemos conversar com eles, falar-lhes de forma a estimular a autoconfiança, renovando-lhes a esperança.

Ronaldo sentou-se e convidou a todos para sentarmos. Sentamos...

Depois de um mútuo entendimento, definimos um plano de trabalho: Fomos divididos em cinco grupos de três. Rosa, Miriam – a mais velha – e eu, ficamos no mesmo grupo.

— Quando começamos? – Perguntei.

Ronaldo respondeu:

— Eu acho que devemos começar já.

Todos concordaram! Imediatamente, saímos a campo. Rosa, Miriam e eu aproximamonos de um jovem que se retorcia, envolto em uma substância gelatinosa que saía da sua boca e ouvidos, envolvendo quase todo seu corpo. Na cabeça, tinha um ferimento que denunciava as marcas de um acidente. Rosa sentou-se junto a ele, sem qualquer asco; puxou sua cabeça para seu colo e começou a orar e a passar a mão nos seus cabelos. Ele balbuciou:

— Socorro... Socorro...

Meio tímido, falei:

— Calma amigo, estamos aqui para lhe ajudar. Pense em Deus, confia que você vai sair dessa.

Ficamos ali até passar aquela crise que eu mesmo havia experimentado. Depois de algum tempo, o rapaz perguntou:

— Quem são vocês?

— Somos seus amigos. Estamos juntos neste barco e, com certeza, não vamos naufragar. – afirmou Rosa.

— Não consigo me levantar. Sinto-me pesado. Não posso me mover.

— Qualquer dia desses você vai conseguir, tenha fé. – afirmei.

— O que aconteceu comigo? Onde está o carro?

Rosa olhou para mim, olhou para a Miriam e sussurrou para nós:

— E agora? O que falamos?

Miriam levantou a mão espalmada como quem diz "deixa para mim". Logo em seguida, falou:

— Como é seu nome?

— Tiago.

— Tiago. Você sofreu um acidente?

— Meu amigo bateu o carro, mas não foi aqui. Como eu vim parar neste lugar?

— No acidente, você morreu. Por isso está aqui.

— Você está louca. Estão brincando comigo, ou então isto aqui é um pesadelo. Vocês não existem.

— Isto não é um sonho e nem um pesadelo. É a mais profunda realidade. Você morreu! Quanto mais tempo levar para reconhecer, mais tempo estará em sofrimento; fique calmo.

— Onde está o meu amigo? Para onde o levaram?

— O seu amigo deve ter sobrevivido ao acidente, por isso não veio para cá.

— Eu quero ir para casa. Chame alguém da minha família, por favor.

— Tiago, quando vocês sofreram o acidente, estavam drogados?

— Eu falei para o meu amigo que o racha não ia dar certo, nós tínhamos acabado de nos drogar, ele não estava bem, mas uns caras insistiram desafiando meu amigo, ele não aguentou e partiu para cima. Depois eu não vi mais nada, até a hora que vocês chegaram.

— Agora procure ficar calmo, outra hora nós voltaremos a conversar. Se você acredita em Deus, reze, lhe fará bem.

Dali partimos na direção de outros enfermos. Não tínhamos a noção de tempo, não havia dia ou noite, o lugar era sempre sombrio.

Observei que quase todos me conheciam, isto me fazia sentir co-responsável pela situação em que estavam. Eu, que acreditava ser um filósofo e sonhava construir a cidade das estrelas, estava agora em plena cidade das sombras. E o pior, de alguma forma eu acabei ajudando a povoá-la, arrastando para cá muitos desses Espíritos que se influenciaram com o mau exemplo do meu comportamento equivocado.

Muitos dos Espíritos que estavam naquele imenso vale de sofrimento apresentavam problemas quase idênticos. A maior dificuldade de todos era aceitar e compreender a morte. Eram todos suicidas involuntários, vítimas das drogas como eu.

Não demorou para que o nosso trabalho fosse notado pelos Espíritos Samaritanos. Logo depois que o iniciamos, recebíamos constantemente orientação e recursos valiosos que facilitavam o nosso trabalho.

Todos os dias, Felipe, o mesmo que havia me socorrido no outro vale, e alguns Samaritanos, vinham nos ministrar aulas. Com eles aprendemos a lidar com as dificuldades que muitas vezes encontramos ao atender os Espíritos em sofrimento. Principalmente aqueles que ainda se encontravam dominados por mentes doentias, que os subjugavam mesmo à distância; da mesma forma como aquele Espírito tentou controlar-me.

Sofri muito, entrei muitas vezes em depressão. Várias vezes, Felipe teve que me conduzir até a Terra e apelar para os recursos dos trabalhadores encarnados, a fim de que eu não sucumbisse. Participei muitas vezes das reuniões de auxílio, realizadas pelos encarnados. Minhas feridas foram tratadas por eles. Segundo Felipe, o material colhido entre os trabalhadores encarnados era excelente para contribuir com uma recuperação mais rápida do nosso corpo espiritual. Nessas oportunidades, apoiado por Felipe, aproveitava para visitar meus entes queridos. Eram apenas alguns segundos, quase sempre à noite, quando já estavam dormindo. Mesmo assim, ajudou-me a amenizar a saudade que eu sentia.

Depois de recuperado, trabalhei por muito tempo naquele vale de lágrimas. Foi o que me ajudou a reconhecer as minhas fraquezas. Estava ansioso para recompor minha vida. Nem sequer sabia quanto tempo se passara da minha morte; esperei o retorno de Felipe para perguntar-lhe. Não demorou e ele veio me ver

— Como está, meu amigo? Muito trabalho?

— Trabalho é o que não falta por aqui. Todos os dias chega uma leva de Espíritos em sofrimento. Todos trazem as mesmas características. Por quê?

— Como você já percebeu, este vale abriga os Espíritos que na Terra se entregaram ao vício das drogas. Na aparente promiscuidade em que vivem aqui, expondo uns aos outros os efeitos que as drogas lhes provocaram, é estabelecido um processo homeopático de cura, ou seja, semelhante contribuindo na cura do semelhante.

— Devo concordar que realmente funciona! Quando eu cheguei aqui, não imaginava os efeitos que as drogas poderiam causar ao nosso perispírito.

— Toda vez que nós ultrapassamos a barreira do bom senso e agredimos a natureza em nós, ou fora de nós, ela nos responde à altura da nossa agressão. Como a natureza física e a natureza etérica estão estreitamente ligadas, acabamos transferindo para a nossa natureza extrafísica o resultado das nossas ações menos felizes.

— Por que uns se recuperam mais rápido do que outros?

— O tratamento que se opera aqui não é um tratamento biológico, ele não se efetiva apenas na recuperação de células, é a recuperação da mente que importa. Quanto mais tempo o Espírito se demora para se conscientizar do erro que praticou, mais demorada será a sua recuperação.

— Por que depois da morte física, não continuei atraído pelas drogas? Pelo contrário, senti repugnância?

— Embora não se lembre, você tem valorosos amigos no mundo espiritual. Antes mesmo de você desencarnar, durante o período em que estava enfermo, eles o ajudaram muito; anulando certos efeitos do seu perispírito; causados pelos abusos, os quais poderiam agravar ainda mais sua situação.

— Eu não me drogava por prazer, eu buscava respostas à minha indignação. Nas "viagens" que eu realizava conseguia enxergar o mundo que desejava. Mas agora compreendo, o mundo que todos desejamos, não está pronto esperando por nós; temos que construí-lo onde estivermos.

— Zílio, para muitos, a equipe de vocês ajudou a construir um mundo melhor aqui mesmo neste vale de sofrimento. O mundo melhor começa a existir quando começamos a pensar nele e a lutar por ele.

— Felipe, você sabe alguma coisa sobre o meu passado?

— Não posso lhe adiantar nada por enquanto. Breve eu virei buscá-lo e vou levá-lo a um lugar onde reencontrará velhos amigos. Estes sim, poderão ajudá-lo a retomar os caminhos da evolução, prestando-lhe as informações necessárias e úteis.

— Quanto tempo se passou desde a minha morte?

— Sete anos, mais ou menos. Um pouco menos de um ano ficou preso ao corpo, mais de seis já faz que está aqui. Esse tempo seria muito maior se você não tivesse acumulado alguns méritos no passado.

— Eu julgava ter sido há uns três ou quatro anos.

— Conforme o plano mental em que estamos situados, a dinâmica do tempo se altera. O que para uns parece um século, para outros representa apenas alguns momentos.

— Várias vezes, estive inclinado a subir a encosta para visitar a Terra. Se eu tivesse ido, qual o problema que isso me acarretaria?

— É imprevisível. Dependeria muito das suas reações diante do que iria encontrar.

— O que me aconselha?

— Eu aconselho que deve esperar até que esteja reunido aos seus amigos que o aguardam. Com certeza saberão orientá-lo sobre o que deve ou não fazer.

— Quando pretende levar-me até eles?

— Não tarda. Continue trabalhando. Quando menos esperar, estarei aqui para conduzi-lo até eles.

O diálogo com Felipe me fez bem. Aumentou minhas esperanças. Continuei meu trabalho auxiliado por Rosa e Miriam, que se revelaram criaturas maravilhosas. Sabiam dar amor e compreensão para os companheiros de infortúnio. Em momento nenhum perderam a calma. Com certeza, em breve estariam em um plano melhor.

Tiago, o primeiro jovem que atendemos, já caminhava pelo vale. Havia entrado para o mundo dos conscientes, como dizia Ronaldo. Apesar de estarmos rodeados pelo sofrimento, o clima fraterno que existia em torno do trabalho que desenvolvíamos dava-nos um grande alento.

Os Espíritos que ali estavam eram oriundos de todas as classes sociais, mas a grande maioria era constituída de jovens que viviam no seio das famílias de classe média e classe média alta. Quase todos registravam uma grande carência afetiva; eram órfãos de pais vivos. Tiveram tudo e ao mesmo tempo não tiveram nada. Alguns deles estavam cursando faculdades quando tiveram a vida física interrompida. Por estranha ironia, na academia onde deveriam adquirir conhecimentos para projetarem o futuro, conheceram as drogas e se projetaram para a morte.

Em momento nenhum encontramos a violência naqueles corações em sofrimento; a maioria era dócil à nossa orientação. Muitos se recuperavam rapidamente. O que mais se ouvia naquele vale eram os gritos de arrependimento e de saudade dos entes queridos. Apenas alguns ameaçavam entrar pelos caminhos da revolta, mas logo se acalmavam.

Aquele era um verdadeiro vale de redenção! Ali não entravam traficantes ou marginais; era destinado a Espíritos que já demonstravam uma tendência à recuperação. Assisti à partida de muitos que lá estavam há mais tempo; saíam dali com os corações cheios de esperanças. A despedida era sempre um momento emocionante. A emoção ainda era maior quando partiam alguns daqueles aos quais dedicamos nossa atenção e contribuímos para que alcançassem a recuperação necessária para enfrentar uma nova jornada. Fora a saudade da Terra, sentia-me feliz, ali. Afinal, estava sendo útil ao meu semelhante.

— NÃO sei quanto tempo se passou. Felipe veio buscar-me. Emocionado, despedi-me de todos. Miriam e Rosa abraçaram-me numa sincera demonstração de carinho.

Partimos... Felipe segurou-me pela mão. Subimos pela encosta do vale até uma planície, onde um veículo nos esperava. Entramos. Logo em seguida, o veículo começou a deslizar ou voar, não sei ao certo, o que sei realmente é que chegamos a um lugar que parecia uma cidade. Havia prédios, jardins, pessoas andando pelas ruas e alamedas. Desembarcamos e começamos a caminhar. As pessoas, ou melhor, os Espíritos que passavam por nós, cumprimentavam-nos como se nos conhecessem. Curioso, perguntei:

— Estamos na Terra?

— Não da forma como você imagina; estamos em uma cidade espiritual, em um lugar próximo da crosta terrestre. Na verdade, ela toda é uma Colônia Escola.

— Não entendi! Uma Colônia Escola?

— Sim! O que aqui se aprende, transcende ao que aprendemos nas academias da Terra.

Entramos em um prédio de dois andares. Caminhamos pelo corredor térreo e paramos frente ao número dezesseis.

— Este é o apartamento onde vai ficar. – afirmou Felipe.

Era um quarto com uma cama, uma estante cheia de livros e uma sala pequena com um sofá e duas poltronas, iguais as que todos conhecemos na Terra. Ia perguntar do banheiro, mas calei-me, afinal agora eu era um Espírito, com certeza não precisava mais atender às necessidades fisiológicas. Felipe, dando a entender que leu os meus pensamentos, sorriu, balançou a cabeça e partiu.

Fui para o quarto e abri a janela. Estava anoitecendo, contemplei o céu. A beleza era tanta, que tive a sensação de estar no portal da eternidade. Tomado por forte emoção, senti-me voltando no tempo, o lugar onde fui parar... Era ali mesmo! Estava rodeado de amigos, era uma festa de despedida. Eu ia partir, ia retornar à Terra. Alguém que eu senti que amava muito aproximou-se de mim e disse-me:

— Vá, tenha fé! Propague a Sabedoria Divina! Não deixe a indisciplina vencê-lo, lute com todas as suas forças.

Meu Deus! Foi daqui que eu parti para a Terra. Tentei lembrar-me de mais alguma coisa, mas não consegui. Fechei a janela e deitei-me para raciocinar melhor. Comecei a conjecturar:

— Talvez seja por isso que Felipe me trouxe para cá. Quem sabe é aqui que eu tenho que prestar contas dos compromissos assumidos antes de reencarnar?

Depois de muitas conjecturações, resolvi distrair-me lendo um livro. Levantei e peguei um deles na estante. Quando eu vi a capa e o título, estremeci. Tive a sensação de que já havia passado por aquele momento. Não aguentei a curiosidade; deitei-me novamente e, recostado na cabeceira da cama, comecei a lê-lo. Era incrível! A cada página eu reconhecia aquela obra. O livro tratava de uma técnica de se introduzir a Filosofia na Arte.

Agora tinha a certeza de que já estivera ali, naquele mesmo quarto. Estava divagando quando a porta se abriu e entrou uma mulher aparentando uns trinta anos, vestindo um longo vestido azul claro. Quando eu a vi e olhei em seus olhos esverdeados e brilhantes, senti uma emoção tão grande que comecei a chorar. Ela correu para mim e apertou-me em seus braços. Por alguns instantes, tornamo-nos um só. Essa foi a impressão que eu tive naquele momento. Desejei que ficássemos assim para sempre.

— Zílio, meu irmão! Fiz de tudo para que não enveredasse pelos caminhos da revolta, mas, pelo que eu vejo, ainda é um sentimento muito forte em você.

Quando ela chamou-me de Zílio, senti aflorar em minha mente vagas recordações. A emoção de tais lembranças embargava-me a voz. Com muito esforço consegui falar o nome que surgiu em minha mente:

— Helena! Helena! Era você o anjo bom que eu procurava nas minhas alucinações.

— Zílio, graças a Deus você voltou à consciência!

— Sinto que fracassei novamente.

— Não se deixe abater, afinal, você conseguiu pelo menos se desvincular de alguns Espíritos que o alienaram durante séculos a compromissos inferiores.

— Espero que você esteja certa; esta etapa da minha existência foi muito tumultuada; não sei onde venci ou onde fracassei.

— Por mais tumultuadas que sejam as nossas experiências na Terra, sempre trazemos algum aproveitamento. Muitas vezes, apenas uma atitude feliz que praticamos passa a nos render frutos eternamente. Ao longo das suas encarnações, você acumulou muitas atitudes felizes e foram elas que lhe facultaram retornar a este lugar tão importante para a sua evolução. Breve nos reuniremos com nossos amigos. Agora, devo ir. Descanse, amanhã nos veremos novamente.

Realmente eu precisava descansar, sentia-me bem, mas havia desprendido muita energia ao viver tantas emoções em tão pouco tempo. Deitei-me e adormeci.

NO dia seguinte, quando acordei, fui surpreendido pela luz do sol penetrando pelas frestas da janela. Senti uma alegria imensa, pois há muito eu não via os raios solares. Felipe estava sentado aos pés da minha cama.

— Como está, meu amigo Zílio?

— Transbordando de felicidade! É como se eu tivesse renascido esta manhã.

— Pelo que eu vejo, não teve dificuldades para retomar algumas lembranças dos momentos vividos aqui entre nós.

— Não me recordei de tudo, mas o que é importante para mim está bem nítido em minha mente. Sei agora que você é um dos amigos valorosos que eu tenho aqui. Devo ter saído daqui muito bem preparado; por que fracassei?

— Enquanto estamos aqui no mundo espiritual, geralmente estamos entre autênticos amigos; nossas qualidades pouco são testadas. Porém, quando reencarnamos, nós nos submetemos a uma convivência irrestrita, onde nossos valores são testados a cada instante e as nossas fraquezas são estimuladas até o último grau da nossa resistência. Nem sempre conseguimos resistir a todas, e isso demonstra o quanto ainda temos que caminhar rumo à perfeição.

— Estou sentindo uma sensação de eternidade; é como se realmente eu tivesse nascido há milhares de anos.

— É, Zílio, somos alguns dos muitos que ainda não conseguiram voltar ao planeta de onde fomos exilados. Graças a Deus, não recordamos totalmente dos detalhes do nosso exílio, senão, o nosso sofrimento seria ainda maior. Vez ou outra, temos uma vaga intuição e isso já é o bastante para nos sentirmos deslocados neste mundo. Devemos prosseguir lutando! Agora, este é o nosso mundo! Temos que ajudar a transformá-lo.

—Você, Felipe, deve estar séculos à minha frente, não sei se mereço gozar da sua presença.

— Zílio, meu irmão, muitas vezes estivemos juntos, vivendo experiências difíceis no corpo físico. Nosso grande erro foi cometido na velha Lemúria, quando nos associamos a um grupo de exilados como nós, que praticava rituais macabros. Com o poder que desenvolveu, esse grupo provocava a materialização de Espíritos inferiores, que vinham sugar o fluido vital das vítimas humanas sacrificadas em nossos rituais. Em troca, esses Espíritos menos desenvolvidos obedeciam cegamente à nossa vontade. Esses rituais eram regados a drogas produzidas por verdadeiros alquimistas das trevas. O mal que causamos a milhares de criaturas nos custou séculos de sofrimentos e reparação.

— Então, é por isso que, quando usava as drogas, eu me sentia como se estivesse realizando algo místico, era como se estivesse me preparando para sondar o infinito.

— É, Zílio, essas fraquezas nos acompanharam durante muitas vidas. Alguns companheiros ainda se comprazem com elas. Um deles você encontrou quando conseguiu sair da sepultura. Graças a Deus, a sua reação diante dele foi positiva; com isso, libertou-se da sua influência nociva que o levou a sucumbir no mundo das drogas. Agora você está livre para construir o futuro que deseja.

— Foi por isso que eu tive a sensação de conhecê-lo?

— Não tenha dúvidas. Ele tinha a esperança de continuar lhe subjugando aqui no mundo espiritual.

— Realmente, ele tentou. Ouvi muitas vezes sua voz convidando-me a participar do "Paraíso" em que ele vive.

— Um dia, vamos poder ajudá-lo. Afinal, é nosso irmão, não podemos julgá-lo, pois cometemos os mesmos equívocos.

— Helena faz parte do nosso grupo?

— Helena foi uma das primeiras que se redimiu dos crimes que cometemos na Lemúria; depois disso, tornou-se uma benfeitora de todos nós.

— Qual tem sido minha participação nesta Colônia?

—Aqui, todos somos alunos e professores. Estudamos e desenvolvemos meios de contribuir com a transformação da humanidade, inserindo na Arte mensagens de fé e renovação. Entretanto, temos experimentado inúmeros fracassos. Muitos desceram à Terra com essa missão, mas, quando alcançaram a fama, esqueceram os compromissos assumidos. Temos alguns deles que ainda estão encarnados, desfrutando de valiosos recursos de comunicação, mas infelizmente, por mais que tentemos influenciá-los, acabam servindo ao consumismo predominante na Terra.

— Eu não servi ao consumismo, mas acabei induzindo muitos a consumirem um produto cujos efeitos é a morte. Reconheço que sou um dos que fracassaram.

— Apesar desse fator negativo, você foi um dos poucos que conseguiram marcar alguns pontos positivos com relação a nossa proposta de trabalho.

— Vocês, que estão à frente dessa tarefa tão importante, não poderiam interferir quando aqueles que partiram daqui com essa missão estivessem ameaçados com o fracasso?

— Interferir, não. Influenciar, sim! Entretanto, todos são livres para aceitar ou não a nossa influência.

— Agora, mais do que nunca, entendo a sabedoria e a bondade Divina! Deus nos criou livres e será no exercício dessa liberdade que um dia alcançaremos a perfeição.

— Exatamente. À medida que o ser avança no bom uso dessa liberdade, automaticamente aufere a si mesmo recursos ainda mais amplos, alargando seus horizontes em direção à verdadeira felicidade.

— Nesse caso, a lei da relatividade faz sentido.

— Realmente! Tudo é relativo ao nosso grau de evolução.

— Sabe, Felipe, apesar de me sentir muito bem, estou preocupado com estes hematomas que apareceram no meu corpo.

— Esses pontos escuros, que realmente parecem hematomas, são marcas apontando focos de energia em desequilíbrio. São consequências do seu desencarne precoce. Representam as partes do seu corpo físico onde o desligamento prematuro do perispírito foram traumáticos.

— Quanto tempo ficarão essas energias em desequilíbrio?

— Alguns desses focos o acompanharão na próxima encarnação e vão se refletir no seu corpo físico como pontos de debilidade.

— Devo entender que poderei renascer com algum tipo de enfermidade?

— Provavelmente! Quando, por meio de uma atitude impensada, ferimos ou destruímos os recursos que a Providência Divina nos empresta, incidimos na lei de causa e efeito, que fatalmente nos exigirá uma reparação.

Felipe ficou pensativo por alguns instantes e, depois, arrematou:

—Tenho que ir; não fique preocupado em demasia; mesmo quando ferimos as leis eternas, podemos contar com a misericórdia Divina que, constantemente, auxilia e socorre aos incautos do caminho, como nós!

Depois que Felipe partiu, fiquei preocupado; olhei as manchas do meu corpo e quase entrei em depressão. Tive que lutar muito contra os pensamentos que povoaram a minha mente naquele momento. Levantei-me e abri a janela. Do lado de fora, havia uma grande movimentação de Espíritos. Caminhavam por entre as árvores floridas que ornamentavam a praça em frente a um belo edifício, cuja arquitetura lembrava o estilo europeu. Alguns Espíritos acenavam-me como desejando-me boas vindas. A visão daquele maravilhoso lugar contribuiu para que eu recuperasse meu estado de ânimo. Começava a sentir-me feliz novamente! Fiquei mais feliz ainda quando Helena chegou para visitar-me.

— Zílio, você está bem?

— Sim! Melhor agora, com a sua presença.

— Apesar de estar se sentindo bem, você precisa repousar algum tempo e depois começar a praticar um exercício que o ajudará a esquecer as necessidades do corpo físico. Eu trouxe este caldo de essência etérica para ajudar-lhe a superar a sensação de fome e sede, que provavelmente deve estar sentindo.

— Realmente, já começava a sentir-me faminto.

— A sensação das necessidades físicas permanecem no campo mental durante um longo período. Você poderá abreviar esse período, exercitando sua mente no esquecimento de tais necessidades.

— Por que, durante o tempo em que estive preso ao corpo, na sepultura e, posteriormente, no vale dos drogados, não tive esta sensação?

— Quando estamos absorvidos por uma situação angustiante, até mesmo quando encarnados, esquecemos de atender nossas necessidades primárias; por isso mesmo, não sentiu fome nem sede. Agora, que voltou à normalidade dos pensamentos, sua mente retoma as preocupações e sensações que tinha como encarnado. Começa agora uma nova etapa de lutas que terá de enfrentar.

Enquanto ouvia Helena, tomei o caldo que ela trouxe. O sabor era agradável, não parecia com nada do que já havia experimentado, mas causou-me uma sensação de estar bem alimentado. Então, perguntei:

— Este é o alimento dos Espíritos?

— Sim. Mas não dessa forma. Os Espíritos evoluídos absorvem naturalmente do Fluido Cósmico Universal a energia que os mantêm. Esse caldo que acaba de tomar é uma condensação desse fluido, levado a um estado de matéria que se identifica com a do perispírito. Absorvido pelas paredes do orgão digestivo, esparge-se por toda organização celular. Com o aproveitamento total dos elementos, não há o que expelir, anulando, assim, as necessidades fisiológicas.

— Quando eu saí daqui para reencarnar, eu tinha o conhecimento de todas essas coisas?

Se tinha, não seria mais fácil ajudar-me a recobrar a lembrança de tais conhecimentos ao invés de desgastar-se respondendo às minhas perguntas que, para você, devem soar como perguntas infantis?

— Assomar completamente suas lembranças, do período que esteve aqui traria outras à baila, as quais ainda precisam permanecer no esquecimento. Não deve se angustiar por isso; aos poucos você reassumirá os conhecimentos necessários.

— Que força me impede de recordar?

— Este plano em que estamos é imediato à Terra, transcende apenas às regiões umbralinas; portanto, as suas vibrações mentais estão restritas a recordações imediatamente anteriores. Somente quando avançamos nos planos evolutivos é que a nossa potência mental se amplia e nos permite dilatar nossas recordações.

— Perdoa-me, fiz esta pergunta quase que no ímpeto de uma revolta. Pensei ter encontrado uma contradição nas leis; afinal, não seria livre se uma força pudesse se opor à minha vontade. Mas, agora, entendo definitivamente a lei da relatividade. Até a nossa liberdade de ação é relativa ao grau de evolução que alcançamos.

— É isso mesmo. Agora devo ir. Amanhã virei buscá-lo, para que conheça parte da nossa Colônia.

Helena partiu. Eu me deitei e mergulhei em profundas meditações...

Devo ter adormecido. Acordei novamente com os raios solares invadindo meu quarto. Helena não demorou a chegar.

— Bom dia! Está pronto?

— Sim! Pronto e ansioso!

— Então, vamos.

Saímos... Na rua era grande o movimento. Os Espíritos que passavam por nós comprimentavam-nos, olhando-me com olhares de curiosidade, pareciam conhecer-me.

— Por que me olham assim?

— Muitos deles o conhecem da Terra; afinal, você foi famoso.

— Pensei tratar-se de velhos amigos daqui da Colônia.

— A população desta Colônia é constantemente renovada; todos os dias saem daqui centenas de Espíritos para novas encarnações. Da mesma forma que muitos chegam ao fim de cada experiência terrena.

Seguimos conversando até chegarmos a um edifício com características de uma escola, muito parecida com as que conhecemos na Terra. Entramos...

Helena levou-me até uma sala onde quase uma centena de Espíritos, sentados, pareciam aguardar o início da aula. Helena acomodou-me em uma das cadeiras vagas e dirigiu-se para perto do quadro negro. Para minha surpresa, era ela que todos aguardavam.

— Queridos irmãos! Todos os que aqui estão, foram resgatados dos diversos vales de sofrimento e trazidos a esta Colônia por amigos que, de alguma forma, monitoram de perto vossas experiências evolutivas.

Eles estão autorizados pelos planos superiores a vos prestar auxílio dentro dos conceitos de justiça e em obediência às leis do merecimento. Entretanto, muitas vezes, esses dedicados companheiros encontram barreiras intransponíveis que os impedem de prestar auxílio mais eficaz aos seus tutelados. As mais graves são: a ignorância e a preguiça. Quando aqui falamos da ignorância, não nos referimos à ignorância dos inocentes, mas sim à ignorância conveniente que se acomoda no leito acetinado da preguiça mental, numa fuga insana da verdade, tentando burlar a própria consciência. Durante esta última experiência que viveram no plano terreno, a grande maioria de vocês, e de outros que ainda lá se encontram, incidiu nesse erro, embora estivessem preparados para usar os títulos acadêmicos que receberam nas Faculdades da Terra para espargir luz nas consciências... Pouco ou nada fizeram!

Onde estão os Filósofos, os Artistas, os Escritores que saíram daqui compromissados com a verdade? Venderam e estão vendendo sonhos e ilusões, povoando as mentes dos incautos com quimeras. Onde estão os Esportistas que figurariam nas manchetes da imprensa com exemplos dignificantes? Que fizeram dos recursos de comunicação que Deus colocou em vossas mãos?

Alguns transformaram-se em exímios comerciantes. As aptidões desenvolvidas aqui, sucumbiram frente às vocações antigas.

Outros tiveram a encarnação interrompida pela misericórdia Divina, a fim de não se comprometerem ainda mais com as leis de causa e efeito e arrastarem consigo milhares de almas para a derrocada moral.

Não importa agora lamentarmos.

A partir de hoje, começa uma nova fase das vossas existências. Com certeza, amadurecidos pelas experiências menos felizes, irão recomeçar mais fortalecidos. Espíritos experientes ocuparão todos os dias esta tribuna para vos orientar e ajudar-vos a superarem as dificuldades deste momento, preparando-vos para as dificuldades que enfrentarão no futuro. Sejam bem vindos a esta Colônia que representa um dos departamentos da Misericórdia Divina.

Helena passou a palavra ao Espírito que estava ao seu lado, despediu-se de todos e saímos...

Eu estava pasmo diante do quadro que ela expôs a todos nós ali presentes. Enquanto caminhávamos, comecei a meditar. A situação era realmente grave, o índice de fracassos era muito grande. Reconheci, entre aqueles

Espíritos, alguns artistas, esportistas e comunicadores que gozaram de relativa fama nos meios de comunicação. Captando o meu pensamento, Helena me esclareceu:

— Zílio, não existe fracasso absoluto! Tudo é aprendizado. As experiências fracassadas acabam se transformando em valiosos subsídios para as vitórias no futuro. Toda tentativa de ajudar é válida. É assim que nós exercitamos e desenvolvemos nossas potencialidades Divinas.

— Você afirmou que algumas encarnações foram interrompidas pela Misericórdia Divina. Então, às vezes, é permitido aos Espíritos superiores intervirem em uma vida?

— Sim! Quando o comportamento de um Espírito ou de um grupo de Espíritos encarnados irá produzir alguma influência na mente coletiva, se essa influência irá criar provações desnecessárias e indevidas a essa coletividade, esses Espíritos terão a encarnação imediatamente interrompida.

Helena parou diante de uma edificação que tinha as características de um ambulatório.

— Venha, Zílio! Aqui você vai reencontrar um velho amigo.

Entramos... O cheiro daquele lugar era de um aroma delicioso. Fomos recebidos por um senhor de uns cinquenta anos. Quando me viu, sorriu e abriu os braços em minha direção:

— Zílio, meu irmão, fico feliz de ver que você está bem!

— Obrigado!

— Meu nome é Diógenes. Sentem-se.

Eu e Helena, nós sentamos.

Ela virou-se para mim e disse:

— Mostre a ele as marcas que você tem no corpo.

Encabulado, levantei a camisa. As marcas eram quase todas na região do ventre. Diógenes as examinou e pediu que eu deitasse em uma mesa igual as que se usam nos consultórios médicos.

— Algumas delas eu posso eliminar, mas as que estão na região hepática, ficarão. Só em uma próxima encarnação é que poderá eliminá-las.

— Elas são as marcas da minha estupidez.

— Tranquilize-se. Aqui elas, não vão lhe atrapalhar em nada, deixa para se preocupar com elas, quando estiver novamente encarnado.

Enquanto conversava comigo, massageava meu ventre e tórax. Quando terminou, vi que restava apenas uma mancha escura na região do fígado e do pâncreas.

— Pronto! Com certeza, a partir de agora, vai se sentir melhor.

Helena aproximou-se.

— Zílio, Diógenes é um velho amigo nosso, faz parte do nosso grupo. No passado, estávamos encarnados juntos. Resgatamos alguns dos nossos crimes nas fogueiras e nos calabouços da inquisição. Foram momentos importantes para o nosso grupo. Muitos de nós saímos daquela encarnação quase que completamente redimidos.

— Com certeza, eu não sou um deles.

— Quase todos nós, Espíritos em evolução, carregamos uma determinada fraqueza que se sobressai às outras; é o nosso "Calcanhar de Aquíles". Conseguimos caminhar longos períodos no trajeto das nossas experiências evolutivas, administrando muito bem as nossas encarnações; entretanto, quando em uma delas temos por objetivo vencer tal fraqueza, enfrentamos grandes dificuldades. Zílio, o seu "Calcanhar de Aquíles" tem sido a revolta. Após cada encarnação que você realizou, o seu retorno à nossa esfera foi marcado por uma grande revolta. Nesta, apesar de tudo o que você passou, o seu retorno, de certo modo, foi pacífico. Deve se alegrar por isso, talvez seja o início do fim de um processo que vem se arrastando há muitos séculos.

— Espero que esteja certa. Sinto em meus ombros o peso desses séculos. O que mais desejo agora é poder descansar um bom tempo aqui entre vocês.

— Realmente, terá que repousar o tempo necessário para efetivar a recuperação das energias gastas nos excessos praticados no plano físico. Você está aqui na condição de enfermo em convalescença. Deverá tomar o caldo diariamente, até estar completamente recuperado.

— Zílio, Helena está certa. Você está aqui sob a nossa intercessão e responsabilidade. Embora sinta que está muito bem, nesse período de recuperação, talvez venha a experimentar momentos de crises profundas. Elas ainda não se manifestaram porque está vivendo um momento onde tudo à sua volta é novidade.

Entretanto, quando esse clima se esgotar, ninguém poderá prever para onde se direcionará as suas preocupações. Provavelmente sentirá um impulso muito grande para retornar à Terra e rever o lar, os amigos, abraçar os entes queridos, porém, devemos adverti-lo de que, se obedecer a esse impulso e projetar-se para o ambiente terrestre, voltará automaticamente ao ponto de partida da excelente recuperação que alcançou até aqui.

— Como devo proceder para evitar que esses impulsos acabem por impelir-me em direção à Terra?

— Cultive a oração. Ela contribuirá para dar-lhe as forças necessárias para resistir. Caso precise de ajuda, recorra a mim, ou a Felipe, ou então a Helena.

— O ideal seria se eu pudesse praticar alguma atividade a fim de que me distrair.

— Durante mais alguns dias, o importante é repousar. Mantenha-se no apartamento e aproveite para ler algumas obras que lá estão. Quando estiver pronto para exercer alguma atividade, nós o convocaremos. Agora retornemos aos seus aposentos.

Após a recomendação, despedimo-nos de Diógenes e retornamos. Helena, ao deixar-me no apartamento, lembrou-me várias vezes da necessidade do repouso.Mais uma vez experimentava a solidão. Era difícil aceitar aquela disciplina que me impunha condições e normas; não batia com o meu modo de ser. Sempre gostei de ser livre, agora minha liberdade assustava-me. Queria realmente voltar à Terra, rever as pessoas que eu amo, abraçar meus amigos. Eu estava trocando esse prazer por uma vida que nem mesmo conhecia direito. Naquele momento, entrei em luta com a minha consciência:

— Será que vou aguentar uma vida regrada? Ceder a essas imposições não significa realmente fraqueza? Não seria melhor fazer o que eu queria, como sempre fiz, e aguentar as consequências?

Naquele momento eu já estava tremendo, meu sistema nervoso havia se desequilibrado totalmente. Ouvi uma voz conhecida:

— É isso malandro! Reage, não se deixe dominar. Basta pedir, eu dou um jeito para sair daí agora mesmo, aqui você vai ser feliz de verdade, poderá fazer o que quiser e na hora que bem entender. Seus amigos estão saudosos. Venha. Venha...

Senti um estranho prazer dominando-me. Estava quase aceitando o convite, quando Felipe entrou no quarto:

— Zílio, Zílio! Acalme-se, olhe para mim, sou eu, Felipe.

Ainda ofegante, estendi minhas mãos ao Felipe e comecei a chorar:

— Felipe, por favor, ajuda-me. Não vou resistir.

— Vai sim. Tenha fé em Deus e em si mesmo, estes são momentos importantes para você se fortalecer.

— Como se chama aquele homem que foi me buscar na sepultura e vez ou outra surge na minha mente?

— Aquele é nosso irmão Augusto, o único do nosso grupo que ainda não acordou.

— Por que ele goza de tanta liberdade?

— Sua liberdade está com os dias contados, a cada passo, ele se projeta para um abismo de sofrimentos onde os meses parecerão anos e os anos parecerão séculos e os séculos, uma eternidade.

— Nada pode ser feito para ajudá-lo?

— Tudo já foi feito em seu favor. Helena, por duas vezes, mergulhou em encarnações dolorosas tentando salvá-lo, mas ele se mostrou refratário aos recursos que a Providência Divina deliberou em seu favor.

— Sei que aqui ainda estou numa corda bamba. Mas se conseguir me firmar nessa proposta de renovar meus conceitos, eu poderei um dia ser livre para ir onde bem entender, sem comprometer-me com as leis que agora me impõem restrições?

— Agora, são as circunstâncias que lhe impõem restrições. Amanhã, quando pelo conhecimento você dilatar a própria consciência, será ela que apontará as restrições necessárias para que não venha a ferir as leis e, consequentemente, comprometer-se com elas. Eu trouxe o caldo para você tomar. Procure descansar; amanhã eu retorno.

Felipe retirou-se. Eu tomei o caldo e deitei-me. Comecei a meditar sobre todos os percalços por que havia passado desde a minha morte. Realmente, eu ainda estava frágil. As lembranças surgiam como uma descarga elétrica em todo o meu corpo. Relaxei, tentando concentrar-me no presente, afinal estava amparado por verdadeiros amigos. Lembrei-me da recomendação de Helena, peguei um livro na estante e comecei a lê-lo. Não era o mesmo que havia lido anteriormente. No seu conteúdo, encontrei respostas a quase todas as minhas indagações. Tratava-se de um orientador prático da vida nos diversos planos; quanto mais eu lia, mais aumentava meu entusiasmo para continuar lutando. Os planos superiores de vida que ali eram descritos, mesmo que eu quisesse descrevê-los, seria tarefa impossível.

Entendia agora o quanto vale a pena o homem redimir-se, mesmo à custa de muitos sofrimentos que, na verdade, nada significam perante a felicidade que se pode alcançar. Eu sempre imaginei que havia algo mais na vida, passei noites devorando livros procurando a lógica do Universo, mas minha visão e o meu entendimento, embotados pela matéria, não me deixavam aceitar a possibilidade de que a nossa realização maior, estivesse fora dela.

Sempre acreditei na vida eterna, mas a literatura Espírita, para mim, era muito simplista. Agora vejo que é nela que o homem encontrará as coordenadas que poderão direcionar sua vida rumo à felicidade.

PASSARAM-SE alguns meses da minha chegada à Colônia; sentia-me fortalecido. Experimentei momentos difíceis, mas, com o apoio de Helena e Felipe, consegui superá-los. Percorri as ruas e edifícios, conheci Espíritos maravilhosos que periodicamente visitavam a Colônia, trazendo alento das esferas superiores. Cada vez mais se fortalecia em mim o desejo de ascender para um plano melhor; estava obstinado; essa era agora a minha meta. Certa manhã, Helena veio convocar-me ao trabalho. Vibrei de alegria!

— Calma, Zílio, o trabalho que nos aguarda é bastante delicado. Eu não vou participar diretamente. Denius irá acompanhá-lo. Precisamos resgatar alguém muito importante para nós e que está sob o domínio de Espíritos infelizes.

— Quem é Denius?

— Denius é um colaborador da nossa Colônia que presta seus serviços em um posto avançado, próximo às zonas inferiores. Ele tem acesso livre no Vale dos Prazeres.

— Quem é esse Espírito importante para nós?

— É Mirna. Faz parte do nosso grupo, devemos isso a ela.

—Acredita que eu possa realmente ajudar?

—Você é o mais indicado. A afeição que sente por você, poderá ser útil para trazê-la de volta. Lá, você colherá valiosos recursos para o próximo trabalho que deverá realizar.

— Eu a reconhecerei quando estiver diante dela? Ela participou desta minha última encarnação?

— Não, Zílio. Não a reconhecerá, mas ao se aproximar, com certeza você a envolverá num clima de simpatia, com isso terá facilidade em influenciá-la beneficamente.

— Quando realizaremos esse trabalho?

— Agora mesmo vamos ao encontro de Denius. Mas, antes, façamos uma oração para pedirmos a proteção dos planos superiores.

Oramos por alguns instantes. Logo depois, Helena pegou-me pelo braço e fomos transportados. Parecia um daqueles sonhos que eu tinha quando criança; eu estava voando e não era um sonho! Em poucos instantes, chegamos ao local do encontro. O lugar era rodeado de rochas enormes; dali se avistava uma grande cidade construída no centro de um vale. O som que se ouvia era característico do carnaval; as baterias e as cantorias ecoavam nas montanhas que circundavam aquele imenso vale.

— Onde estamos? Que lugar é este?

Perguntei admirado.

— Este é o Vale dos Prazeres. Mirna está lá; terão que encontrá-la e trazê-la para nossa Colônia para que possamos ajudá-la. Ultimamente, ela tem demonstrado uma forte tendência para sair do vale. Suas preces têm chegado até nós como um pedido de socorro. Grave bem tudo que irá ver lá em baixo, pois será muito útil no futuro.

Fiquei contemplando aquele vale; a batucada já não me inspirava a alegria que eu sentia quando estava na Terra. Pelo contrário, abateu-me uma profunda tristeza que só foi quebrada quando Denius chegou. Helena não perdeu tempo.

— Denius, este é Zílio! Você irá acompanhá-lo até o vale. Use os recursos que você possui para conduzi-lo até o lugar onde está Mirna.

— Sim, senhora, com a graça de Deus nós vamos trazer a menina sã e salva.

Helena despediu-se. Denius aproximou-se de mim e, com uma certa reverência, começou a falar:

— Senhor Zílio, nós vamos ter que caminhar até lá em baixo. A picada daqui até lá é muito ruim; se precisar, pode se apoiar em meu ombro.

— Não se preocupe, vou conseguir.

Admirei-me ao ver aquele Espírito enorme, com o peito nu, revelando uma musculatura abundante e bem delineada. Usava apenas uma calça de seda e sandálias de couro. Sentia-me seguro ao seu lado.

Continuamos descendo até chegarmos a uma praça onde ficavam os portões da cidade. Eram portões enormes, aparentemente de madeira. Estavam fechados. Ali embaixo o ar era mais pesado. O som continuava no mesmo ritmo; para mim, já não soava como música, mas como terrível barulho. Denius aproximou-se de um dos portões e bateu. Uma portinhola no meio do portão se abriu. Uma voz perguntou:

— Quem ousa perturbar o Reino de Mohara?

Denius respondeu rapidamente:

—Viva Mohara! O senhor dos prazeres.

Senti muito medo, mas consegui me equilibrar. O enorme portão foi se abrindo lentamente; logo surgiu um Espírito vestido em trajes que lembrou-me os piratas.

— Denius, meu amigo, porque demorou tanto para retornar? A alegria o espera.

— Eu trouxe um amigo para visitar o Reino de Mohara, podemos entrar?

— É claro! Aqui você manda.

Denius pegou-me pelo braço e entramos rapidamente. Avançamos em direção do centro onde se concentrava o movimento maior; as ruas estavam ao abandono; via-se sujeira por todos os lados; não havia vegetação; os Espíritos passavam por nós dançando com frenesi. Chegamos ao centro. Verdadeiras escolas de samba desfilavam pelas ruas. O sexo era praticado em pé, ao som dos tamborins. As fantasias eram verdadeiras réplicas das que eu conheci na Terra; o enredo exaltava as delícias da carne. Quase fui envolvido pelo clima de sensualidade que pairava no ar. Cheguei a ficar excitado. Lembrei-me dos sofrimentos que havia passado e consegui me controlar. Denius, percebendo, puxou-me pelo braço e advertiu-me:

— Senhor Zílio, procure lembrar-se dos nossos amigos que estão neste momento orando por nós.

— Você tem razão. Fique tranquilo, não vou deixar me envolver. Para onde vamos agora? Onde encontraremos Mirna?

— Mirna está na sede do comando; ela é concumbina do Mohara.

— Quem é Mohara?

— Mohara é um gênio! Com a sua inteligência, conseguiu construir um verdadeiro império das trevas. Vive de barganhas com os encarnados; aqueles que ele favorece, quando desencarnam e chegam aqui, tornam-se seus súditos e escravos.

— Como faremos para entrar na sede do comando e chegar até Mirna?

— Fui informado que Mohara subirá até a crosta. Deverá partir esta noite. Eu tenho amigos lá dentro; não será difícil, venha. Helena pediu-me para mostra-lhe algumas coisas; aproveitemos, antes que anoiteça.

Denius entrou por uma viela e eu o segui; caminhamos até um lugar estranho e sombrio. Entramos por um portão que estava entreaberto. Denius afirmou:

— Aqui é o cemitério da cidade.

— Cemitério?

— Perguntei admirado.

— Eles chamam este lugar de cemitério porque aqui eles abandonam os Espíritos que já não causam prazer a ninguém. São aqueles que, movidos pelo remorso, buscam a anulação de si mesmos em uma atitude auto punitiva.

À medida que avançávamos terreno a dentro, comecei a ver Espíritos vagando de um lado para o outro; as fisionomias deles lembravam a de animais. Denius fez um sinal para acompanhá-lo em direção a uma rocha com uma grande fenda, que parecia uma caverna. Ali, um deles estava como que agonizante. Seu aspecto era terrível, seus ombros caídos, o rosto afunilado como um enorme bico, sua cor acinzentada escura, lembrava uma ave de rapina. Diante do meu espanto, Denius explicou-me:

— O remorso excessivo que o nosso irmão experimenta, faz com que se sinta como uma ave de rapina; o seu perispírito, obedecendo à força do seu pensamento, assume a forma que reflete o seu estado de espírito.

— Quais os crimes que praticou para chegar a essa situação?

— Nosso irmão era médico legista; violentou quase todos os cadáveres de mulheres que passaram por suas mãos.

Eu quase não acreditava no que estava vendo, mas, por outro lado, ficou claro ao meu entendimento que Deus não precisa julgar ninguém, todos temos em nossa consciência um tribunal onde somos nosso próprio juiz e carrasco. Naquele caso, nosso irmão estava sendo impiedoso consigo mesmo.

— Denius, quanto tempo um Espírito fica nessas condições?

— Ficará nessas condições até que um dia consiga perdoar a si mesmo e comece a buscar a renovação dos sentimentos. Venha, vou mostrar-lhe mais um caso de zoantropia.

Aproximamo-nos de um Espírito, cujos braços grudados no corpo escamoso e o rosto transfigurado, assemelhava-se a uma serpente. Era uma figura impressionante. Diante daquele quadro, cheguei a questionar se eu realmente não estava vivendo um sonho ou um terrível pesadelo.

— Realmente, Zílio, se enveredamos pelos caminhos tenebrosos do mal, nossa vida se transforma em um terrível pesadelo.

— Quais os crimes desse pobre infeliz, que se nos afigura como réptil?

— Esse irmão foi um político que traiu a fé pública. Usou o poder que o estado lhe conferiu, para atender à própria ganância. Os recursos que administrava, destinavam-se a suprir os hospitais públicos no atendimento à saúde. Mergulhado agora em remorso profundo, sua mente é povoada pelos gritos desesperados das vítimas das suas atitudes criminosas.

Agora compreendia as afirmações de Jesus contidas no evangelho: "Aqueles que têm sede de justiça serão saciados." Ninguém fica impune à própria consciência. Cedo ou tarde, ela agirá de forma implacável, cobrando a reparação dos erros praticados. Era grande o número de Espíritos que vagavam naquele lugar, vítimas da zoantropia. Fiquei feliz quando Denius chamou-me para nos retirarmos dali.

—Vamos, senhor Zílio, já começa a anoitecer. Temos que ir ao encontro de Mirna.

Saímos por um outro lado; alcançamos uma grande avenida. O colorido extravagante predominava nas fachadas das casas; mulheres se exibiam nas calçadas com os corpos expostos. As edificações que compunham aquela estranha cidade tinham formas burlescas; em nada se assemelhavam às edificações tradicionais, como as da Terra, ou mesmo da Colônia onde eu estava abrigado. Curioso, perguntei ao Denius:

— De que forma são construídos esses prédios?

—Todas as edificações aqui são o reflexo das mentes que predominam neste lugar; é a materialização do pensamento e da vontade predominante. É o paraíso com que sonhavam.

— Como que o Espírito, após a desencarnação, vem parar aqui?

— Muitos, mesmo enquanto encarnados, já estão ligados a este lugar. Observa que, ao anoitecer, o número de Espíritos envolvidos nessa orgia interminável, aumenta consideravelmente. São os encarnados que começam a chegar. A grande maioria é de Espíritos irresponsáveis e viciados de toda sorte. Mal o corpo adormece, projetam-se para cá. Nas madrugadas, esse número ainda é maior.

— Percebo que muitos dos Espíritos que participam desse desfile insano aparentam estarem embriagados. Estão realmente?

— Sim. Completamente embriagados!

— De que forma se embriagam?

— Os viciados sobem até a crosta e peregrinam pelos bares, sugando os alcoólatras encarnados. O que embriaga não é o álcool líquido que desce para o estômago, são os vapores alcoólicos que sobem para o cérebro. Em um verdadeiro ato de vampirismo, o desencarnado suga esses vapores antes de atingirem o cérebro do encarnado. Com isso, a tendência do alcoólatra encarnado é beber cada vez mais.

— E com os viciados em drogas, acontece o mesmo processo?

— Com as drogas injetáveis o processo é outro e mais traumatizante. As substâncias alucinógenas não produzem vapores; elas chegam ao cérebro do viciado por intermédio do sangue. Para alcançar seus objetivos, os viciados desencarnados sugam uma grande porção da parte etérica do plasma sanguíneo, nós orifícios abertos pelas picadas das agulhas hipodérmicas.

— Quais as consequências desse vampirismo para os encarnados em questão?

— Um enfraquecimento progressivo, até a debilidade mental e física.

— Todos os viciados são vampirizados?

— Quase todos, com raras exceções.

— Você afirmou que Mohara vive de barganhas com os encarnados; que tipo de barganhas?

— Mohara e suas falanges dominam os meios de comunicação na crosta. A grande maioria daqueles que estão em evidência deve o sucesso à influência de Mohara. Por isso, a verdadeira arte não encontra espaço nesse meio, nem alcança o sucesso merecido. O burlesco acaba predominando no meio artístico.

— A coletividade desta cidade retrata fielmente o nível de degradação a que chegou a arte na Terra.

— Realmente. Daqui parte a inspiração para a maioria das criações artísticas que são apresentadas na crosta. As músicas que você ouve aqui, agora, breve serão executadas lá.

— Esses Espíritos não reencarnam? Não há uma lei que os force a buscarem um reequilíbrio?

— Esta cidade sempre foi dominada por sexólatras e viciados de toda sorte. Já foi evacuada uma vez, nos anos trinta e quarenta. Os Espíritos que aqui habitavam naquela época, atendendo a determinação superior, foram submetidos a reencarnações compulsórias. Renasceram em vários pontos do planeta; muitos se redimiram, outros deram expansão aos vícios e promoveram na Terra uma grande revolução cultural em torno da arte, do sexo e das drogas, submetendo a Humanidade a grandes provações morais.

Enquanto Denius falava, ouvi uma gritaria que me chamou a atenção.

— Zílio, essa gritaria significa que Mohara está subindo para a crosta. Vamos aproveitar para resgatar Mirna.

Partimos em direção ao prédio onde Mirna estava. Denius bateu na porta e ficamos esperando. Passados alguns minutos, como ninguém atendeu, Denius bateu novamente. Foi em vão; ninguém atendeu.

— É estranho, vamos tentar na porta dos fundos. – afirmou Denius.

Quando chegamos na parte de trás do prédio, a porta estava entreaberta; nós nos aproximamos e ouvimos alguém chorando. Denius entrou; eu não sabia se deveria entrar. Fiquei aguardando até que ele apareceu na porta e fez sinal para eu entrar. Entrei. Denius me conduziu até uma sala recoberta por tapetes vermelhos. Na parte onde o piso era mais alto, estava uma mulher sentada em uma cadeira que parecia um trono; seus pés estavam apoiados sobre a cabeça de uma jovem que estava caída e chorava muito; percebi que era Mirna.

— Minha Rainha, este é Zílio de quem lhe falei há pouco.

— Então você é o renegado que quer a minha escrava?

Denius, percebendo que eu ficara surpreso e desconcertado diante da pergunta, adiantou-se e tomou novamente a palavra.

— Minha Rainha, Senhora dos Prazeres! Meu amigo nutre pela jovem profunda afeição e a deseja para satisfazer seus desejos mais íntimos. Sei que a jovem tem sido um tropeço nas suas relações com Mohara, talvez, esta seja a oportunidade que estava esperando para livrar-se dela.

A mulher tirou os pés que estavam apoiados sobre Mirna, pegou-a pelos cabelos e, levantando sua cabeça, perguntou-lhe:

—Você quer ir com eles?

Mirna olhou para Denius, olhou para mim, suspirou, abaixou o olhar demonstrando cansaço, firmou novamente o olhar em mim por alguns instantes e afirmou:

— Quero!

— Então vá, maldita! Sumam daqui, antes que eu me arrependa.

Denius pegou Mirna pelo braço e nós saímos rapidamente. Na rua, longe dali, paramos para que Mirna pudesse descansar. O barulho continuava insuportável. Os tambores e as cantorias incessantes ecoavam por todo o vale. Aproximei-me de Mirna.

— Como você está? Está melhor agora?

Mirna olhou para mim, fixou seu olhar em meus olhos durante algum tempo e perguntou-me:

— Nós nos conhecemos?

— Talvez. Mas no momento não posso afirmar que sim.

— Para onde estão me levando?

— Estamos levando você ao encontro de verdadeiros amigos que desejam o seu bem.

Ela apontou para Denius e disse-me:

— Ele disse que você me queria para realizar seus mais íntimos desejos.

— Realmente, naquele momento e agora, o meu mais íntimo desejo é ver você livre e feliz.

— Ainda bem! Pensei que jamais ia sair deste inferno.

Mirna olhou para mim e sorriu. Olhei bem para o seu rosto semicoberto pelos longos e belos cabelos pretos. Seus olhos, também negros, revelavam agora um grande contentamento interior. Senti vontade de tomá-la em meus braços e beijar-lhe carinhosamente. Desejei passar minha mão por entre seus cabelos, quis falar-lhe alguma coisa, mas Denius interrompeu-me, convidando-nos a partir. Partimos. Quando chegamos próximo aos portões da cidade, Denius parou e advertiu-nos:

— Esperemos aqui até que os Espíritos que sobem à crosta, em busca dos parceiros encar-nados, comecem a sair. Geralmente saem em grupos; devemos nos juntar a um desses grupos para sairmos sem problemas.

Enquanto esperávamos, perguntei a Denius:

— Você disse que os Espíritos vão buscar os parceiros encarnados?

— É isso mesmo, Zílio. As relações entre encarnados e desencarnados vão além do que você possa imaginar.

— Que tipo de relação?

— Muitos dos encarnados ocupam um lugar na sociedade onde o jogo de aparências predomina; nesse jogo, apresentam uma conduta inquestionável, entretanto, guardam, no íntimo, paixões e vícios inconfessáveis. Com medo de serem descobertos, represam esses sentimentos. Porém, à noite, quando adormecem e se acham livres do corpo físico, buscam suas afinidades e se entregam a essas paixões.

— Se o encarnado durante a vigília reprime essas paixões e as pratica somente quando se liberta do corpo físico, qual o grau de culpabilidade? Essa não é uma atitude involuntária?

— Zílio, quem comanda o corpo é o Espírito, portanto, a culpabilidade é do Espírito; ele não pratica tais paixões durante a vigília porque isso lhe traria prejuízos e consequências imediatas, ferindo seus interesses, então, ele deixa para praticá-las quando acredita que não será descoberto.

— Como lidar com essa situação?

— Não basta ao Espírito represar suas fraquezas; é necessário substituí-las por virtudes, porque, cedo ou tarde, essas fraquezas virão à tona.

— Eu reconheci alguns Espíritos que desfilavam pelas ruas e avenidas; pensei tratar-se apenas de semelhança. É possível que alguns deles sejam os próprios encarnados que eu conheci na Terra?

— Provavelmente. A quantidade de encarnados, aqui nas madrugadas, é muito grande. Vejo que você está atento na observação dos fatos; isso será muito importante para a realização de um trabalho que te aguarda em um futuro próximo.

Quando ia perguntar qual seria esse trabalho, surgiu um grupo de Espíritos dirigindo-se aos portões. Denius fez um sinal e nós aderimos ao grupo. Saímos sem sermos notados pelo guardião. Mais adiante, começamos a subir a encosta do vale. Mirna se apoiou em Denius até chegarmos ao local onde Helena e Felipe nos aguardavam. Após agradecermos a Denius, Helena e Felipe envolveram a mim e a Mirna e todos nos transportamos para a Colônia.

Helena entregou Mirna aos cuidados de Diógenes; eu e Felipe fomos para o meu apartamento. Ao chegarmos, Felipe sentou-se na poltrona e eu me deite na cama. Senti, pelo seu olhar, que estava curioso para saber das experiências pelas quais eu havia passado. Mas eu estava mais ansioso. Antes que perguntasse qualquer coisa, desabafei:

— Felipe, meu amigo. Graças a Deus, hoje eu me senti útil.

— Fiquei feliz ao ver que você foi bem sucedido nessa tarefa tão difícil.

— É como se eu voltasse de um sonho bizarro. Jamais imaginei que pudesse existir um lugar como aquele. Foi uma experiência incrível. Se eu não tivesse passado pelo sofrimento que passei no vale dos drogados, talvez tivesse sucumbido às tentações daquele lugar.

— É, Zílio, o sofrimento é a forja que tempera nossas forças. Por falar nisso, o caldo está sobre a mesa; não se esqueça de tomá-lo, você ainda precisa dele.

Felipe saiu; tomei o caldo e deitei-me.

A MISSÃO

ACORDEI pela manhã, abri a janela e respirei fundo. O ar parecia alimentar meu corpo; será que estava conseguindo subtrair energia do éter? Estava questionando essa possibilidade, quando Felipe entrou. Sorrindo, cumprimentou-me:

— Bom dia!

— Bom dia! Em um lugar como este onde estou, rodeado de amigos como você, todos os dias são bons. Como está Mirna?

— Depois que chegou, eu não tornei a vê-la. Sob os cuidados de Diógenes, deve estar muito bem.

— Com certeza! Felipe, diga-me uma coisa, quem é Mirna?

— Zílio, os Espíritos comprometidos com os acontecimentos da velha Lemúria são muitos. A maioria está dispersa, cada qual buscando os caminhos da própria evolução. Você, Mirna, Helena, Diógenes, eu e outros ainda encarnados, quase sempre nos mantivemos juntos. Somos um grupo de apoio mútuo.

— Por isso você foi me socorrer no Vale dos Drogados?

— Sim. Na verdade eu não atuo naquela área; minhas principais atribuições estão vinculadas aos colaboradores encarnados.

— Há quanto tempo Mirna estava presa a Mohara?

— Há várias encarnações ela vem sucumbindo às tentações da luxúria. Tornou-se um Espírito bom, mas é facilmente dominada por mentes doentias; sua fraqueza a manteve escrava de Mohara por muitos anos. Talvez agora, amadurecida pelo sofrimento imposto pela própria fraqueza, tenha adquirido a força necessária para enfrentar novas experiências com maior segurança. Helena deverá transferi-la para a Estância de Amor, onde se relacionará com Espíritos que contribuirão para o seu progresso.

UM ROQUEIRO NO ALÉM

— Quando eu a vi, senti um amor fraterno por ela, algo muito forte. Qual a minha ligação com ela?

— As marcas de uma encarnação, cuja convivência foi intensa entre dois Espíritos, permanecem e, com a reaproximação dos dois, mesmo em um futuro distante, essas marcas assomam do subconsciente como um sentimento nato de amor ou de adversidade.

— Esse sentimento que eu experimentei ao vê-la, significa que já estivemos juntos algum dia?

— Sim. Várias vezes estiveram juntos.

— Então, o amor e o ódio à primeira vista não existem?

— Quase sempre são reencontros cujas afinidades, ou adversidades, foram construídas anteriormente.

— Sabe, Felipe, fiquei impressionado com o Vale dos Prazeres. Existem outras cidades iguais àquela?

— Existem muitas, iguais ou parecidas em quase todos os pontos da Terra. Essas cidades são construídas nos vales que existem na subcrosta; são consideradas zonas inferiores do planeta. Estão localizadas próximas às coletividades onde estão vinculados os Espíritos que as edificaram. Cada qual tem as características dos costumes e da cultura dessas coletividades.

— Eu comentei com o Denius que eu havia visto lá Espíritos que eu conheci na Terra e que, provavelmente, devem estar ainda encarnados. Quando desencarnarem, irão fatalmente para aquele lugar?

— Se não efetivarem uma renovação dos seus sentimentos e abdicarem das paixões que os projetam a esse plano inferior, com certeza, estarão lá, após desencarnarem.

— Quando estávamos lá, em determinado momento, senti-me envolvido naquele clima de luxúria; quase cedi aos impulsos que experimentei naquele instante. Por quê?

— Você, quando encarnado, foi influenciado durante algum tempo pelos agentes de Mohara. Augusto era um deles, mas, com o apoio de Helena, e mais tarde, com o benefício da enfermidade, acabou se libertando dos laços que o prendiam àquela organização infeliz.

— Agora eu entendo porque a mulher de Mohara chamou-me de renegado.

— Para eles, realmente você é um renegado.

Estávamos ainda conversando, quando chegou Helena.

— Então, o que achou da sua experiência no Vale dos Prazeres?

— Foi para mim algo inusitado! Por pouco não sucumbi!

— Eu tinha a certeza de que iria conseguir; agora posso contar com você para realizar um trabalho na crosta.

— Quando deverei realizá-lo?

— Vou levar Mirna para a Estância de Amor; você irá nos acompanhar. Lá o apresentarei a um companheiro que vai ajudá-lo a realizar esse trabalho.

— Quando partiremos?

— Agora mesmo. Mirna nos espera.

Despedi-me de Felipe e saímos. Caminhamos até o ambulatório onde Mirna nos aguardava. Ela estava linda; seus cabelos brilhavam refletindo os raios do sol que invadiam a sala, através da janela. Diogenes fez-lhe algumas advertências, logo depois, Helena segurou em nossas mãos e envolvendo-nos com sua luz, partimos...

Em poucos instantes, estávamos na Estância de Amor. O lugar possuía uma beleza peculiar; todas as edificações eram rodeadas de maravilhosos jardins. Quase todos os Espíritos que passavam por nós tinham a aparência jovem. Mirna estava encantada com o que via. Emocionada perguntou a Helena:

— Estamos no Paraíso?

— Aqui é um lugar aprazível, o bem vibra no éter. Para nós, Espíritos em redenção, é realmente um verdadeiro paraíso, embora o significado da palavra paraíso seja relativo ao grau de compreensão de cada um. Para muitos, ainda, o paraíso está no Vale dos Prazeres.

Enquanto conversávamos, chegamos frente a um prédio o qual, segundo Helena nos informou, era o prédio da coordenadoria da Estância. Entramos...

Fomos recebidos por um Espírito chamado Venâncio que, sorrindo, cumprimentou-nos, demonstrando conhecer Helena.

— Minha querida Helena! Que ventos benéficos a trouxeram até nós?

— Esta é Mirna; trago-a para ficar sob os cuidados desta Estância onde, com certeza, encontrará os recursos de que precisa neste momento importante da sua vida. Este é Zílio; em breve deverá efetuar um trabalho e precisa do apoio de alguém com experiência para poder desempenhá-lo.

— Qual o trabalho que terá que realizar?

— Zílio terá que se preparar para escrever para os encarnados; deverá relatar as suas experiências aqui no mundo espiritual.

— Temos, em nossa Estância, o Eduardo, que poderá ajudá-lo bastante. Pode deixá-los aqui que nós os acomodaremos e providenciaremos tudo o que eles precisam.

Quando Helena falou que eu iria escrever, não consegui esconder minha emoção. Sorrindo, ela aproximou-se de mim e falou:

— Zílio, sei o quanto está feliz, mas devo adverti-lo da importância dessa missão. Escrever aos encarnados sobre as experiências que viveu após desencarnar tem por principal objetivo advertir os jovens e os pais encarnados. Não deverá citar nomes de parentes ou de amigos; limite-se apenas a descrever com detalhes as consequências causadas pelo uso de drogas e pelo suicídio involuntário.

Helena agradeceu a Venâncio e despediu-se. Eu, aflito, perguntei:

— Depois de realizado o meu trabalho, retornarei para junto de você e de Felipe?

— Sem dúvida, ainda temos muito o que fazer juntos.

Senti-me aliviado. A ideia de separar-me deles causara-me uma certa tristeza. Não demorou muito, entrou, na sala em que estávamos um Espírito de aparência jovem. Venâncio levantou-se e apresentou-nos:

— Este é Eduardo; faz parte de uma das equipes que atuam entre nós.

Cumprimentamo-nos e Venâncio continuou:

— Mirna está aqui para receber os benefícios da nossa Estância. Deverá encaminhá-la para os cuidados de Afrânio. Zílio precisa realizar um trabalho de comunicação com os encarnados; você deverá orientá-lo.

Eduardo agradeceu a Venâncio pela incumbência; passou seus braços sobre nossos ombros e saímos. Na rua, começamos a conversar...

— Você me lembra um cantor famoso da época em que eu ainda estava encarnado.

Afirmou Eduardo.

— Sou o próprio. O Rei da insensatez! Na Colônia onde estou domiciliado, todos me conhecem como Zílio; é o nome que eu tinha antes de reencarnar.

Mirna parou, olhou bem para mim e falou demonstrando surpresa:

— Então é você? Eu sabia que o conhecia! Quando o vi no Vale dos Prazeres, tentei lembrar-me mas não consegui.

— Na Terra, sentia-me feliz ao ser reconhecido; aqui experimento certo constrangimento e vergonha.

Eduardo nos conduziu até um prédio não muito longe da Coordenadoria. Entramos. As dependências internas lembravam-me as de um hotel; uma sala grande, com poltronas, onde mais de uma dezena de Espíritos sentados, conversavam descontraidamente. Um deles levantou-se e se aproximou de nós.

Eduardo adiantou-se e apresentou-nos.

—Afrânio, este é Zílio e esta é Mirna.

Afrânio sorriu para nós e Eduardo continuou:

— Venâncio recomendou que deixasse Mirna sob seus cuidados. E eu terei que me ausentar das tarefas por algum tempo; devo acompanhar Zílio em um trabalho junto aos encarnados. Despedimo-nos de Mirna, de Afrânio e saímos. Na rua, perguntei ao Eduardo:

— Por que Mirna foi transferida para cá?

—Afrânio desenvolve um trabalho de ajuda aos Espíritos fracos e dependentes, facilmente influenciáveis. São aqueles que, em determinado momento da própria existência, acabam anulando a própria vontade, acomodando-se a uma dependência doentia. Provavelmente, Mirna se enquadra em tal situação.

— Realmente, quando a encontramos estava subjugada por mentes doentias.

— A vontade é a alavanca do progresso em qualquer plano da nossa existência. Sem ela, nos tornamos joguetes das circunstâncias.

— Quando desceremos à crosta?

— Hoje à noite faremos os primeiros ensaios. O trabalho de comunicação com os encarnados requer muita paciência e dedicação. Vamos realizar, primeiro, um trabalho de aproximação. Quando o médium, para quem você deverá passar as informações, registrar a nossa presença é que se iniciará um processo de comunicação que poderá se arrastar por muito tempo.

Naquela mesma noite, eu e o Eduardo descemos para a crosta. Quando chegamos ao grupo de encarnados onde eu deveria fazer contato com o médium, fiquei surpreso. Eu conhecia aquelas pessoas; foi ali que Felipe socorreu-me com o auxílio dos encarnados. Ele estava presente; quando nos viu aproximou-se.

— Que bom! Vejo que já está iniciando o seu trabalho.

Eu estava apreensivo e nervoso. Então, perguntei ao Felipe:

— Será que vou conseguir?

— Vai sim! O médium registrou a sua presença aqui, por ocasião do seu tratamento. Com certeza isso facilitará o seu trabalho; além do mais, Eduardo estará ao seu lado e saberá orientá-lo.

Fiquei mais tranquilo. Esperamos terminar a reunião e acompanhamos o médium até sua casa. Ali Eduardo orientou-me:

— Zílio, a partir de agora você deverá acompanhar nosso irmão no seu dia a dia.

Quando ele registrar a sua presença, procure transmitir-lhe por meio do pensamento, o desejo de escrever. Com certeza ele vai captar a sua vontade; então será a hora de você começar a transmitir os seus depoimentos.

A partir daquela noite, iniciei o meu trabalho. Não foi uma tarefa fácil, mas consegui chegar ao final, graças à valorosa ajuda do Eduardo. Espero que, ao relatar minhas experiências, após a morte física, elas venham ajudar a muitos que, como eu, optaram pelos caminhos equivocados das drogas e do suicídio.

Agora, sinto-me feliz! Estou vivendo novamente! Nas ilusões da vida... Encontrei a morte! Na realidade da morte... Descobri a vida!

Esvaziem vossa bagagem, viajantes da eternidade! Porque na última viagem, o destino é a realidade!

Abandonem o barco da ilusão, desembarquem do trem da quimera, porque depois da grande confusão surgirá uma nova era.

Zílio

OBRAS DE **NELSON MORAES**

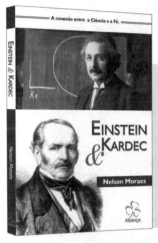

"A conexão entre a Ciência e a Fé"

Allan Kardec foi o cientista da alma; Albert Einstein deu a alma à ciência.

Essas duas admiráveis personalidades trabalharam animadas pelo mesmo espírito em épocas diferentes almejando o mesmo objetivo: contribuir para desenvolver nos corações humanos uma religiosidade genuína fundamentada em um conhecimento científico mais amplo e mais profundo da natureza humana.

Autor: Nelson Moraes | 14 x 21 cm | 160 páginas

Perdoa-me, se na minha ignorância feri você. Talvez eu tenha sido um crítico muito severo, detendo-me apenas nas observações dos seus erros e falhas, esquecendo das enormes qualidades que você possui.

Tive olhos para ver o argueiro em você, sem perceber a trave empanando-me a visão.

Compreendo, agora, que todos estamos matriculados na escola da vida, na condição de eternos aprendizes e que somos passíveis de erros e falhas, por isso mesmo lhe peço, perdoa-me.

Autor: Nelson Moraes | 14 x 21 cm | 128 páginas